Éditions DIASPORAS NOIRES

www.diasporas-noires.com

ISBN version numérique : 9791091999168
ISBN version imprimée : 9791091999281
Date de publication numérique : 14 septembre 2015
Date d'impression : Septembre 2015

Photo couverture : Par JEKI ESSO

Chantal EPEE

ALM'AFRIKA

Recueil de poèmes

DEDICACES

A Guillaume-Charles Nelle,
Alexandre Joaquim Epée,
William-Frédéric Epée,
Yohanan Epée,
François-Emmanuel Nelle,
Alyah Joaquim Epée,
Aurane Epée
Dipita Epée,
Sue-Emmanuelle Epée
Joyce Ekwa
Gaël Kingue Etame,
A Kelyna Moeson
et
Christelle Ouattara.

Aux descendants Ebakisse
Aux descendants Song Ekwalla

À vous, enfants et jeunes gens d'ascendance subsaharienne.
Ce recueil est d'abord pour vous, dans l'espoir qu'il
participera à vous armer, afin que jamais, personne ne vous
courbe à l'intérieur.

En mémoire d'Emma Ikabanga.

« L'Afrique écrira sa propre histoire »
Patrice Emery LUMUMBA

SÉRÉNADE BANTU

Sérénade Bantu,
Chant d'amour à la terre.
Perpétuelles racines,
De ceux qui sont mes pères.

Sérénade Bantu,
Chant d'amour à mes frères,
Par-delà les frontières
Dessinées par des hommes.

Cantique d'espérance,
Crépusculaire complainte,
Rythme de mes espoirs,
Et escorte de mes pleurs.

Lancinante mélopée
Qui traverse les lignes
Tracées par une histoire,
Qui n'était pas la nôtre

Thrènes désespérés
Par le bruit de machettes,
Qui découpent sans pitié
Toute fraternité.

Élégie d'une Bantu,

Sur une rivière de sang,
Depuis l'Afrique Australe
Au centre de la terre mère.

Jérémiade éplorée
En écho à des cris,
Qui s'élèvent sans relâche
Du sang de nos enfants.

Sérénade Bantu
À l'Afrique, la terre mère,
Témoin de nos errances
D'un endroit à un autre.

Lamentation chantée
Dans l'espoir que mes frères,
Par-delà des frontières
Définies par des tiers,

Entendront les échos,
Portés par l'alizé,
Pour mener jusqu'à eux,
Mes utopies d'Afrique.

Vibrations de nos âmes
Au centre de l'Afrique,
Dans l'espoir que bientôt
Nous unirons nos cœurs,

Pour faire jaillir enfin,
De l'équateur au Sud

La sérénade Bantu,
Des fils réconciliés.

AFRICA MON AMOUR

Elle m'est tatouée à l'âme,
Africa, mon amour.
La terre fière de mes pères
Réside en mes entrailles

Curieuse antilogie,
Et pourtant certitude,
Elle m'a donné la vie,
Et je la porte en moi.

Afrique en gestation,
Au cœur de mes entrailles,
Afrique matricielle,
Elle m'a engendrée

En moi demeure sa trace,
Elle est comme un contrat,
Qui me rappelle l'alliance
De nos deux destinées.

L'Afrique est dans mon souffle,
Je suis dans son battement.
Peu importe la distance,
Elle m'est tatouée au cœur.
Je ne sais à quel moment
Elle m'a marquée ainsi,
Mais en moi brûlent d'ardentes
Passions pour cette terre.

On la prétend maudite,
Je la sais magnifique !
Et je sais son avenir
Beau, si ses fils se lèvent.

J'aimerais avoir les bras,
Assez longs pour l'étreindre,
L'enlacer la guérir,
Mais je n'ai que des mots.

Africa est ma quête,
Et ma mélancolie.
Africa est mon nom,
Mon projet d'avenir.

Précieuse terre de mes pères
Un jour j'en suis certaine
Nos cœurs à l'unisson
Battront dans un même lieu.

À Faten HAYED

EN UNE SEULE NUIT

Croire pour mon pays,
Avoir foi, pour l'Afrique.
Espérer pour le peuple,
Qui fait battre mon cœur.

Me mettre en action,
Quand cela paraît vain,
Bâtir lorsque se moquent,
Ceux qui jamais n'agissent.

Assurée qu'une seule nuit
Suffit pour tout changer,
Qu'après bien des ténèbres,
Viendra l'aube de l'Afrique.

Il suffit d'une seule nuit,
Filles et fils d'Afrique,
Pour défaire les systèmes,
Qui gangrènent notre terre.

En attendant le soir
Qui scellera la victoire,
Travaillons sans relâche,
Habités par l'espoir.

Afrique, terre bien-aimée,

La nuit est avancée.
C'est d'elle que surgira,
L'aurore d'un nouveau jour

12/04/2012
Texte inspiré par l'hymne
révolutionnaire du Burkina Faso

RECEVOIR LE SOUFFLE DES RENAISSANCES D'AFRIQUE

Noel Isidore, Thomas Sankara.
Trois prénoms et un nom
Chez un prince africain,
Dont le passage fugace,
Alimente nos espoirs.

Quatre ans, pas un de plus,
Et il rejoint Lumumba,
Au panthéon des braves
Avec tous les héros,
Qui nourrissent nos combats.

En moins de deux mille jours
Il nous lance un appel.
Retentissement réel
Dans la jeunesse d'Afrique,
Frissons chez les cyniques !

Sombres gallinacés
À la vue étriquée,
Ils se donnent pour mission
Par le bras d'un félon,
D'escamoter le lion !
Ces coquelets déloyaux
Grimés en hommes d'État
Ont la vue entravée
Par des quêtes boulimiques

Qui prostituent l'Afrique.

Sankara est un lion
Au courage singulier,
Isidore est un aigle
Au regard acéré.

Son Afrique est debout !
Afrique majestueuse,
Maitresse de son destin.
C'est une terre unie,
Digne, autonome et fière.

La colère d'une poule,
N'intimide pas un aigle !
Thomas s'est effondré,
Mais il demeure debout,
Dans un souffle est éternel.

Son nom nous interpelle,
Nous invite au combat,
Sankara nous rappelle
Que vivre c'est résister,
C'est être libre et digne.

Un guerrier est à terre,
Un martyr s'est levé.
Figure emblématique,
Des fiertés africaines,

Son passage nous inspire.

Je me rappelle Isidore,
Qui me dit que l'on dort,
Aussi longtemps qu'on laisse,
Les colons d'autrefois
Définir qui nous sommes.

Et la voix de Thomas
Est une parole de poids
Qui aujourd'hui encore,
Nous parle au plus profond,
Et appelle des disciples.

L'intrépide Noël,
Dit l'Afrique éternelle,
Celle qui libère un verbe,
Dépourvu des complexes,
Face à toutes les nations.

Dans mon âme les regrets,
Se teintent de colère :
Si le vol arrêté
Le crime inadmissible
Avaient restreint ma terre ?

Alors comme dans un songe,
Le souvenir de Thomas
Murmure à ma mémoire

Que colère et regrets
N'édifient pas ma terre.

Le souffle qui l'animait
Est dans l'éternité,
En quête de vases précieux
Faits de femmes et d'hommes
Qui mèneront le combat.

Le rêve n'est pas mort
Ses mots résonnent encore
Mais nos vases sont-ils prêts
À recevoir le souffle
Des renaissances d'Afrique ?

RESISTANCE EST MON NOM

Bien avant que résonne

L'initial vagissement,

Je savais m'appeler

Fierté et liberté !
Dans le sein de ma mère,
J'ai reçu de mes pères
Un précieux patrimoine,
Un idéal sacré :
L'exigence intraitable
D'une réelle indépendance,
Une soif de liberté
A jamais incessible.

Résistance est mon nom,
Je l'avais oublié.
Sous le poids du mépris,
Des mensonges séculaires.
J'ai failli me renier,
Oublier qui je suis,
Et envisager l'ailleurs,
Comme unique délivrance.

Le souvenir des aïeux,
Ranime ma mémoire,
Et mon nom se relève,
Portant leurs rébellions.
Au fond de moi réside,

Une clameur de révolte

C'est la mienne c'est la leur,

Qui se fondent en un cri.

C'est un poing qui se dresse.

Une tête qui se relève,

Des chaînes qui se brisent,

Comme gagne la vérité

S'IL SUFFISAIT D'AIMER

S'il suffisait d'aimer,

De chérir pour guérir,

Alors je t'étreindrais

Et je t'enlacerais.

Je te murmurerais

Des mots à l'infini

Des paroles qui pansent

Les meurtrissures de l'âme.

Je poserais sur ton torse,

Des milliards de baisers,

Pour transmettre à ton cœur,

Si souvent écrasé,

Comme une brise d'espoir,

Un souffle de tendresse,

Qui deviendrait un jour,

Ouragan de possibles.

J'aimerais avoir le cœur

Grand pour te recevoir,

Et les bras assez longs

Pour te tenir blottie,

Dans la tendresse immense,

Qui pour toi me consume

Me dévore et m'embrase.

S'il suffisait d'aimer...

Je t'aime Africa

RELÈVE LA TÊTE

Relève la tête

Fille d'Afrique.

Ne laisse jamais personne

Te courber en dedans.

Marche la tête levée,

Comme si tu entretenais

Un dialogue secret

Avec la galaxie.

Redresse tes épaules

Et relève la tête,

Ta couronne, ta parure

Te viennent de l'intérieur.

Tu es une princesse

Tu es majestueuse

Tu es une fille d'Afrique

Avance avec audace.

SOUPIRS ENTRELACÉS

Bien des fois dans la nuit,
Tu me tiens éveillée.
Toutes mes pensées vers toi,
Mon cœur est vibration.

De toi je suis enceinte,
Et en toi je suis née.
Tu m'habites, je te porte.
Je ne sais te quitter.

Tu es joie et douleur,
Détresse et espérance,
En moi, j'ai tant de rêves,
Et peu de solutions.

Sentiments d'impuissance,
Au pied d'une montagne,
Faite de ces détritus,
Qui entravent ton envol.

Quatre cents ans d'abus,
Et cinquante de mensonges,
Te rendent méconnaissable,
Toi, belle entre les belles.
Méconnaissance de soi,
Et esclavage mental,
Corruption des élites,

Division de tes fils.

Somptueuse Afrique,
Terre de sens et de sons,
Tes richesses insondables,
T'ont conduite au malheur.

Voici que sonne l'heure,
Du réveil de tes fils.
Et mon cœur se morcelle,
Comme ils se font la guerre.

À coup de mots qui blessent,
Et de batailles de dieux,
Ils s'excluent se méprisent,
Se traitent de tous les noms.

Du *"lion herbivore,"*
Au *"nègre de maison,"*
De l'*"obsessionnel de Kam,"*
Au *"dangereux extrémiste !"*

L'on se catégorise,
Singeant les « *maitres* » d'hier,
L'on invente des castes,
Fabrique des intouchables.

L'on ne se parle pas,
On s'oppose et s'impose !
On rêve d'Afrique unie,
Le doigt pointé sur l'autre.

Par nos guerres imbéciles,
Et nos haines intestines,
Notre peuple affaibli,
Fait l'éloge de sa force.

Divisés nous sommes faibles,
Et unis nous sommes forts,
Quel est ce rêve d'Afrique,
Qui méprise ses frères ?

Dans le soir je gémis.
À moins que ce soit toi ?
Tes fossoyeurs d'hier,
Peuvent se frotter les mains !

Quelquefois dans la nuit,
Nos soupirs s'entrelacent,
Entre espoir et douleur,
Murmurent nos rêves d'Afrique.

I'M BLACK AND I'M PROUD
Legacy to my kids

I'm black and I'm proud
I'm black and I'm beautiful
I'm black and I'm smart
I'm black and I'm powerful
Learning from the past, and
Catching the present,
I'm building my future.

I'm black and I'm proud
I'm black and I'm beautiful
I'm black and I'm smart
I'm black and I'm powerful
I won't let nobody
Fool or deceive me
About who I am
And what I can achieve.

I'm a phenomenal (Wo) Man
I'm me phenomenally
I'm the only one
Who can be me
At the best,
And at the fullest.

Joyfully and proudly
I celebrate the Me
This special Me that I am,

Then I lift up my head.
I believe in God
And I believe in Me
I open my heart
I use my brain and my heart
To build the world around me

This is my legacy
To you, beloved kids
Believe in God
And believe in you
You will be unstoppable

And you will go
Far beyond all of us
For you are young
Gifted and black
For you have been set free
By the truth you know
About who you are

Do not let no one
Take you back
Into mental slavery
Or into any captivity
You are the hope for our land
And I trust your generation

TET'EKOMBO[1]

Faites passer le mot,
Criez-le fort et haut :
« Ils ont tué un prince
Mais son âme demeure ! »

Elle traverse les âges
Et, depuis près d'un siècle,
Le souffle de sa vie
Inspire des destinées,

Rappelant que le corps,
S'il peut être capturé,
L'âme d'un résistant
Est libre par essence.

On l'appelait Rudolf,
Il était distingué,
C'était un prince, un roi,
Duala Manga Bell.

Visage fondateur
D'endurances ultérieures,
Son refus de plier
Est l'âme de notre terre.

---

[1] Père de la nation

Les prédateurs allemands,
Avaient fait le projet
De reléguer nos pères,
À la périphérie,

Instaurant sur nos terres,
Un sordide apartheid
En violant les accords,
Signés avec nos pères.

Mais Douala Manga Bell,
Seigneur à l'âme rebelle,
Organise la riposte,
Des princes de la nation.

La réplique allemande,
Sera à leur image.
Avec sauvagerie,
Ils assassinent des princes !

Comme des criminels,
Douala Manga Bell,
Ainsi que Ngosso Din,
Haut et court sont pendus !

De sauvages colons
Injurient ma nation,
Avec bestialité,

Ils violent la royauté.

Martin Paul Samba,
Sera assassiné.
Les Bulu pleureront,
Leur prince et leur roi.

Le roi des Batanga,
Appelé Madola,
Pour avoir résisté,
A son tour périra !

Les ignobles occupants,
Dévoilent leurs visages.
Ces sont des meurtriers,
Dénués de respect.

Du sud jusqu'au nord,
Ils répandent le sang.
Et nos premiers martyrs,
Sont des nobles et des rois.

Oui faites passer le mot,
Dites-le fort et haut :
« Ils ont tué nos princes
Sans capturer leur souffle. »

Nous ne pleurerons pas,
Le roi assassiné.

Nous voulons célébrer
Son magnifique passage.

Sa figure nous rappelle,
Que la terre de nos pères,
Est née comme nation,
Par un acte courageux.

Malgré leur prétention,
Ce ne sont pas des colons,
Qui par quelques frontières,
Façonnent notre être ensemble.

C'est par la résistance,
Que naît l'âme d'un pays,
En cela Manga Bell,
Est père de la nation.

Faites passer le message,
Rendez-lui témoignage.
Dites à nos enfants,
Qui le diront aux leurs,

Que l'âme de notre terre,
Refuse de plier,
Comme Nyobè et Moumié,
Ouandié et Njawé.

Dites-leur que notre père,
Douala Manga Bell,

À frayé un chemin,
Pour que nous y marchions.

En mémoire de lui,
Reprenons le flambeau.
Pour saluer Ngosso Din,
Relevons le pays.

Pour Douala Manga Bell,
Et pour ses compagnons,
Réveillons la passion,
L'âme de notre nation.

08/08/2010

LE CHANT DE MA TERRE

Il est en moi un chant
Qui fonde mes racines.
Sa musique retentit,
Au fond de mes entrailles.

C'est l'essence de ma terre,
Qui vibre dans mon cœur,
Qui me dit d'où je viens,
Et me révèle à moi.

Le chant qui retentit,
Au centre de mon être,
Raconte la mémoire,
De ceux qui sont passés.

Ceux qu'on a déposés,
Au terme de leur voyage,
Dans le cœur de ma terre,
Et qui la rendent féconde.

Dans le temps où pieds nus,
J'en sentais le contact,
Je ne discernais pas,
Les rythmes de ma terre.

Et voici que la vie,
Au loin m'a dirigée,

Vers cet autre univers,
À mille lieux de ma terre.

Les années ont passé.
Ma vie s'est écoulée.
Je me suis enrichie,
Au contact de l'ailleurs.

Et tout au fond de moi
Je découvre une musique,
Un chant qui dans l'exil,
Me parle de ma terre.

Il me dit que je suis,
Me rend à l'essentiel,
À ce moi qui s'anime,
Parce que ma terre me manque.

Le chant que la distance
Fait rejaillir de moi,
Brise les résistances,
Nées de l'indifférence.

Je réentends la voix,
Des feuilles dans le vent,
Et le chuchotement,
De l'herbe sous mes pieds.

Je me rappelle les sons

Et le chant du silence,
Quiétude de ma terre
Sous une pluie d'étoiles.

Et je découvre un rythme,
Celui d'un cœur qui bat,
C'est celui de ma terre
Qui cadence les tam-tams.

La mélodie de l'eau
Qui glisse sur les pierres,
La secrète ritournelle
Que chante la forêt.

Le chant de ma mémoire,
C'est ma vie mon histoire.
Le chant de mes racines,
Me rappelle qui je suis.

Cameroun mon pays,
Berceau de mes ancêtres,
Dont le chant m'a appris,
À marcher fière et libre.

C'est le chant de ma terre
Qui nourrit ma mémoire,
Et qui dans mes exils,
Me rappelle qui je suis.

Il y a là-bas une terre,

Au cœur même de l'Afrique,
Qui porte mes racines,
La sève de ma mémoire.

C'est une terre de musique,
De rythmes et de couleurs,
Dont l'alliage unique,
Me la rend essentielle.

Et loin d'elle je découvre,
Son incroyable éclat,
La beauté majestueuse,
Du chant de ma mémoire.

Je la porte en mon cœur,
Cette terre qui est mienne,
La distance me révèle,
Que je suis sienne aussi.

À l'unisson mon cœur,
Et ma mémoire s'accordent,
Pour chanter le berceau,
De mon humanité.

AMBASSADEURS D'AURORE

N'abandonne pas la lutte,
Précieuse terre africaine.
L'aube déjà se profile,
Ta délivrance arrive.

Tes fils sont par leurs œuvres
Ambassadeurs d'aurore,
Convocateurs du jour,
Et porteurs de lumière.

Ne quitte pas l'espérance.
Mets tes plus beaux atours,
Bientôt tu paraîtras
Dans l'éclat du matin.

LE SOUFFLE DE NOS PÈRES

Au cœur du crépuscule,
Soudain, j'entends sa voix.
Dans un susurrement,
À moi il se présente.

Le souffle de ma terre,
Tout à coup me survient,
Apportant un message,
Les clés de leur passage.

Colère et souffrance,
S'enlacent et s'épousent,
Laissant jaillir un râle,
L'agonie de ma terre.

Sa mémoire est douleur,
Ses souvenirs colère,
Dans sa peine elle gémit,
Et son courroux éclate !

« Qu'ont-ils fait du pays
Qui a reçu nos vies
Semences volontaires
Offrandes sacrificielles ? »

Le vent se fait violent,
Impétueux conquérant.
Le souffle de mes pères,
Avec vigueur se lève !

Voici que des visages,
S'imposent à mon regard,
Et comme sur un écran,
Je vois passer nos pères.

C'est l'âme rebelle
De Douala Manga Bell,
Qui s'éleva fière
Pour défendre sa terre.

C'est un mouchoir mythique,
Qui fonde nos fiertés,
Et Martin Paul Samba,
Debout dans le combat.

C'est le chant triomphant,
D'Adolph Lotin Same,
Victorieux des colons,
Conquérant, magnifique !

Telle est l'âme de ma terre,
Elle est noble et fière,
Les visages d'aujourd'hui,
Ne la racontent pas.

Je vois la vie dédiée,
D'un Ernest Ouandié,
Qui rappelle des fiertés,
Aujourd'hui oubliées.

Le doux visage qui passe,
À du feu dans les yeux.
Il était embrasé,
Ernest Roland Moumié.

Comme dans une tornade,
Apparaît magnifique,
La figure mythique,
De Ruben Um Nyobè.

Au plus profond de moi,
S'enracine le pays,
Que je croyais connaître,
Et qui devient ma quête.

Entre sommeil et veille,
J'en perçois l'héritage.
Jamais je n'oublierai,
Cet onirique passage.

Testament d'une nation,
Pour qui la liberté,
Est plus qu'une notion,
Mais l'essence même de l'être.

Non, elle n'est pas morte,
L'âme de notre sol !
Il demeure vigoureux,
Le souffle de nos pères.

Celui qui s'est levé
Avec force et courage,
Pour reprendre notre terre
À ses prétendus maîtres.

Des cœurs dans le pays
S'embraseront à nouveau,
Animés par le souffle
De l'ardeur de nos pères,

Pour conquérir enfin,
Au nom de nos enfants,
L'héritage glorieux,
Appelé liberté.

PASSION POUR L'AFRIQUE

Une sainte flamme en mon âme
Fait vibrer tout mon être :
Voir enfin se lever
Une Afrique conquérante.

Elle bâtit son avenir,
Et s'empare du présent.
Elle avance autonome,
Dans un monde réinventé.

Pleinement débarrassée,
De l'esclavage mental,
Consciente de qui elle est,
Elle brise toutes les chaînes,

Qui inféodent ses terres,
Aux profits allogènes,
Aux mondiales compassions,
Avides et contrefaites.

Je te rêve mon Afrique,
Indépendante et forte.
Je t'envisage debout,
Consciente de ta valeur.

L'Afrique c'est toi et moi,
Unis et triomphants
C'est par nous qu'elle naîtra,
Aux possibles infinis.

MON PAYS M'APPELLE

J'ai le désir d'entendre,
Tandis que l'aube éclot,
Les accents du Cameroun,
Le chant de nos parlers.

Je veux ouïr la musique,
De la langue duala,
Dont je découvre sans cesse,
La somptuosité.

Je veux que l'on s'exclame
Dans l'idiome pidgin,
Tandis que s'exhaleront,
Des odeurs de maïs,

Et celle des plantains
Que l'on fera griller,
Sur un coin de trottoir
De la ville de Douala.

Acheter des soyas
Entendre le chuchotis
De la graisse qui s'écoule
Et fait chanter les flammes

Sous un boukarou,
Livrée à la caresse
De la brise du soir,
Boire du top pamplemousse.

Je veux une parenthèse,
Hors de l'ile de France,
Loin des rames du métro,
De l'humeur parisienne.

Rire comme une enfant
Me défier du bruit
Saluer les voisins
Par-dessus la clôture

Manger du corossol,
Déguster du gari,
Recouvert de crevettes,
Et me sentir chez moi.

La terre qui me convoque
À un chant dans la voix
Dans lequel je discerne,
Que je lui manque aussi.

Emmène-moi chez moi
Alane mba mboa[2].
Kidnappe-moi un instant
Pour me rendre à moi.

Alane mba mboa.

---

[2] Emmène-moi chez moi.

MUSE

Faire éclore
Et jaillir
La fontaine infinie,
Source et destination
De mes rêves sacrés.

Absolu,
Idéal,
Mon enracinement,
Mon pays intérieur.
Et mon inspiration.

Ma terre
Ma chérie,
Mon Afrique.

HOLE

There is a hole
Deep in my heart,
Cratère creusé
Au fond de l'âme.

Plaie invisible
Aux yeux des hommes,
Le manque remonte
À mon enfance,

À la conscience
De la violence,
Du crime contre
L'humanité,

Qui a séparé des familles,
Brisé des vies à l'intérieur,
Avilissant le genre humain,
Et violant la dignité

There is hole
In history
Des flots pour tombe
Des eaux frontières

Fraternités
Ensevelies
Dans l'océan

Qui nous sépare

Nos mains se cherchent
Sans le savoir
There is a hole
Au fond de nous.

There is a hole
Inside my heart
My family
Was taken away

Les vaines sutures
Ne suffisent plus
La guérison
Doit survenir

Elle naîtra d'une
Reconnexion
Retour à soi
Retour à nous.

À l'Ubuntu

To Dr Lisa Aubrey

ROUGE DIAMANT

Larmes diamant,
Autour du cou
D'une bourgeoise
Américaine.
Feu scintillant,
À l'annulaire,
D'une comtesse
Européenne.
Pierres précieuses
Pendues aux lobes
D'une sommité
Africaine.
Crimes en col blanc
Crimes en col rouge
Recel d'abus
De vies humaines.

Recels de guerres,
De barbaries,
Aux antipodes
Des gorges qui brillent
De mille éclats.

Les vies brisées
Au bout du monde,
N'ont aucun poids

Puisque l'on danse,
Que l'on scintille
De mille feux,
Sur le toit
De mondes
Éphémères.

Complices de crimes
Abominables
Sur une mare de sang,
Valser
Rivières diamants
Fleuves de sang
Impunité
Des infamies.

Elles danseront
À Monaco,
Heureuses d'être
Hors du réel.
Collier de larmes
Autour du cou,
Se repaitront
De compliments
Sur leurs bijoux
Exceptionnels.

Tourbillonneront
Virevolteront
Souliers de vair
Couverts de sang.

Larmes de sang
En Sierra Léone
Fleuve Congo
Rouge de douleur
Il faut souffrir
Pour être belle
Il faut mourir
Pour qu'elles soient belles.

DANS LE VENT

Du fond de mon exil,
Bien loin de toi Afrique,
J'ai entendu un cri
Qui montait de ta terre.

Venus en conquérants,
Comme à leur habitude,
Ils ont glosé sur toi
Sans respect et sans tact.

Prétendant te parler
En amis respectueux,
Ils s'exprimaient en maîtres
Drapés dans leur dédain,

Pétris de certitudes
Désormais séculaires,
Ils sont persuadés
Que c'est l'ordre des choses.

Le bruit de leurs foulées
Et le son de leurs voix,
Rappellent à ta mémoire
Les viols d'autrefois.

Les pas qui résonnaient
Sur les sentiers d'Afrique,
Pour piller les richesses
Et asservir les hommes.

Entends-tu comme moi
L'écho de ces théories
Qui faisaient de tes fils
Bien moins que des humains ?

Entends-tu dans la voix
Qui résonne à Dakar
Le souvenir de celles
Qui violentèrent ta terre ?

La source intarissable
De bêtise séculaire,
Coule en abondance
Dans des vases d'inculture.

Du fond de mon exil,
C'est le cœur déchiré
Que j'entends une voix
Qui vomit son mépris.

En l'enrobant de mots
Faussement amicaux,
Pour nier ton histoire,
Et piller ta mémoire.

Il y a bien longtemps,
Pourtant c'était hier,
Des gens qui lui ressemblent
Ont mortifié ma terre.

Dépourvus de respect
Pour la terre d'Afrique,
Ils ont pillé le sol
Et violé les croyances.

Suite à leurs passages,
Des clameurs de douleur,
Sont montés de ta terre,
Depuis les cœurs des hommes.

Charge civilisatrice
Menée par des barbares,
Mésestime de l'humain
Dépossessions sauvages.

Et voici qu'à Dakar,
À deux pas de Gorée,
La voix qui retentit
Régurgite son dédain.

Méconnaissance totale
De l'histoire de cette terre,
Insulte à la mémoire
De tous les déportés.

Au large de Gorée,
De la mer monte un chant,
La mélopée épouse
Celle d'aujourd'hui.

Pour se fondre en un cri,
Une clameur de colère,
Qui parcourt terres et mers
Et réveille nos consciences

Faut-il être ignare
Pour trouver en Dakar
Le lieu approprié
Pour falsifier l'histoire ?

Faut-il être arrogant
Pour dire tant d'âneries
Dans une académie
Qui porte un nom illustre ?

Merci Cheikh Anta Diop
Pour avoir terrassé,
À force de recherches
L'hydre impérialiste.

Les chaines de l'esclavage
Dans nos têtes sont tombées,
Le « discours de Dakar »
Reprend sa juste place.

Celle de la suffisance
Mâtinée de bêtise
Qui ne se trouve grande,
Que si elle rabaisse l'autre.

Les poubelles de l'histoire
S'ouvrent pour recevoir,
Des paroles imbéciles
Dites avec fatuité.

Salissures éphémères,
Souillures passagères,
Les rigoles de l'histoire,
Les emportent loin de nous.

Car au large de Gorée
Les flots, soudain s'apaisent
De la mer monte un souffle
Qui charrie un message

C'est un appel vibrant
À être responsables,
Et transmettre à nos fils
Par-delà l'océan,

Des fondements solides
Et une connaissance,
Qui les rendront robustes
Inébranlables et fiers.

Réveillons les héros.
Transmettons le savoir.
Élargissons les voies,
Sur lesquelles ils cheminent.

Afin de leur donner
Des racines et des ailes,
Pour monter le plus haut
À la rencontre d'eux-mêmes.

Du fond de mon exil,
Loin de toi terre d'Afrique,
J'ai ouï dans le vent,
Comme un chant d'espérance.

ÉCRIRE L'HISTOIRE

Récits truqués
Et falsifiés,
Destins tronqués
Pour vies violées.

Enfants courbés
Sous un mépris,
Qui aura
Traversé les âges.

L'avenir étroit,
Les regards vides,
Ils errent sur terre
Comme des fantômes.

Entre deux
Sièges provisoires,
Des strapontins
Identitaires.

Les débusquer
Dans leurs cachots,
Les ramener
Vers la lumière.

Reprendre en main
Leurs destinées,
Écrire l'histoire
À l'encre ébène.

Reprendre le fil
Du récit
Inventer
Son propre chemin.

STRONG WOMAN

Strong Woman
And beautiful soul
Warrior queen
With a gentle heart
A voice in a desert
Filled with dumbness

Sometimes she's weak
She may be discouraged
But she won't give up
Because of a passion
A burning vision

She wants to see
Her land be freed
Of any oppression
She wants to see
Her people healed
After decades
Filled with sorrows

Daughter of Lumumba
She's lead by faith
She will never fail
For the sake of Her Congo
She's my sister
And I love her

To <u>Fifi Manesa</u>

TU LE SAURAS

Tu organises ma misère
Et m'appelles mendiant ?
Plutôt que quémandeur
Baptise-moi malvoyant.

Nomme-moi ignorant
C'est plus près du réel
Puisque je ne sais pas,
Que de moi, tu dépends.

Appelle-moi idiot
Baptise-moi immature
Car je me laisse courber,
Dépouiller, asservir,

Par des définitions
Grotesques et erronées,
Et me laisse gouverner
Par de vraies marionnettes.

Ces poupées de chiffon
Dépourvues de vision
Au-delà de leurs panses
Ont quitté le réel

Ils croient me posséder
Rêves, idéaux et biens,
Et brider mes élans
Vers la vraie liberté.

Bambochards pitoyables
En route vers l'oubli,
Vils manipulateurs
Votre fin se rapproche.

Car mes yeux se dessillent
Malgré les apparences,
Je quitte les mensonges,
Sors de l'envoutement.

Et toi, lointain pillard
Arrogant méprisant,
Que sais-tu de toi-même
Par-delà les slogans ?

Par-delà le fantasme
Et l'histoire réinventée
À la gloire du chasseur,
Te connais-tu toi-même ?

Moi je m'appelle Afrique,
J'existe et me réveille.
Oui, je m'appelle Afrique,
Un jour, tu le sauras !

DI SI DIPEDI[3]
(Le nde bana ba wonja[4])

Fotokol,
Maroua,
Odieuse hémorragie
Qui nous frappe au cœur
Et dévaste l'âme
Du peuple de mes entrailles.

Sanglots d'une terre blessée,
Asphyxiée sous la pression
Du sang versé par des sauvages,
Qui méprisent la vie humaine
Au nom d'une vision du monde
Suffocante et totalitaire.

Des victimes suppliciées
Et des humains sacrifiés
Sur l'autel d'une barbarie,
Signature indélébile
D'une défaite de l'humanité

Mboa ba tet̲e e dumedi[5]
Maya masu ma komedi[6]

---

[3] Nous ne sommes pas vaincus
[4] Nous sommes filles et fils de la liberté
[5] La terre de mes pères est meurtrie
[6] Notre sang a été versé

Di ma senga sese jita[7]
Ni sese e buki biala[8]

Entre colère et agonie
Cauchemar et réalité,
Des larmes de sang
Nous montent aux lèvres
Et fédèrent nos résistances

Elles nous appellent à l'unité
Et nous rappellent
À qui nous sommes.
La barbarie ne vaincra pas !

Mboa ba tete e dumedi[9]
Maya masu ma komedi[10]
Di ma senga sese jita[11]
Nde mboa e si dipedi[12]

Mentionner le nom des barbares
De leur sinistre organisation
C'est encore leur faire trop d'honneur
Je ne le prononcerai pas.

---

[7] Notre douleur est infinie
[8] Cette douleur défait les mots
[9] La terre de mes pères est meurtrie
[10] Notre sang a été versé
[11] Notre douleur est infinie
[12] Mais notre pays n'est pas vaincu.

Par-delà les terres et les mers
Depuis l'océan d'amour
Qui m'inonde
Et me bouleverse,

À la mention de trois syllabes
Dans mon âme à toujours sacrées
Je t'appelle et je te rejoins
En pensée et en prière,

Unie au peuple de mon cœur
Je t'appelle sans me lasser :
Cameroun
Cameroun
Cameroun
Debout et jaloux de ta liberté
Avance, et combats avec force.

Kamerun
Terre de Nyobè
De Manga Bell
Et de Samba,
D'Afana,
Ouandie,
Et Moumié
De Madola
Et Ngosso Din

Terre de nos pères,
Âme résistante,

Grand Kamerun,
Réveille-toi !

Ils veulent toucher au sacré,
S'attaquer à ce qui nous fonde,
Au lien qui fait de nous un peuple,
À l'âme de notre nation.

Di ma senga sese jita[13]
Nde mboa e si dipedi[14]
Ba mbambe basu ba ta ngum[15]
Di si ma nunge mabongo[16]

Di ma teme na wonja[17]
O jana bila ba wenge[18]
Ebanja na o bwindea
Le nde bana ba wonja[19]

Des bêtes féroces et enragées,
Et leurs complices en col blanc,
Comparses extérieurs ou intérieurs
Ne sauraient-nous détruire nous défaire,
Nous sommes le Kamerun !

---

[13] Notre douleur est infinie
[14] Mais notre pays n'est pas vaincu.
[15] Nos ancêtres étaient puissants
[16] Nous ne fléchirons pas le genou
[17] Mais ne levons libres
[18] Pour combattre la bataille du moment
[19] Car depuis toujours et pour toujours nous sommes fils de liberté

Sois consolée « *Terre chérie* »
Sois apaisé peuple de mon cœur

Et debout le KAMERUN !

Paris, 24 juillet 2015

LARMES D'ÉBÈNE

Larmes d'ébène
Sur la face du monde.
Cœurs exsangues
De mères déchirées :
Un fils est mort brutalement,
Son crime était phénotypique.

Il était couleur ébène,
Dans un monde racialisé,
Qui se plaît à nier l'ignoble,
Des fondations qui le structurent.

Âmes mutilées.
Pères pétrifiés.
Avoir un fils,
En être privé.

N'avoir plus que les souvenirs,
Et la dalle glacée d'une tombe,
Du sang qui s'écoule des yeux,
Même s'il semble transparent.

Ce sang ruissellera sur leurs joues,
Jusqu'au jour de leur souffle ultime.
Larmes de douleur sur faces ébène,
Familles meurtries à tout jamais.

Larmes d'ébène sur un visage,
Celui d'une femme dont le corps git,
Victime d'une barbarie,
Qui lui a mutilé le sexe
Et lui a extirpé les entrailles,

Au nom d'une religion,
Du saint pétrole ou du coltan.
Et au nom d'une soif de pouvoir,
Qui méprise le souffle de vie.

Des larmes d'ébène
Depuis cinq siècles,
Coulent sur la face d'un monde blessé.
Pleurs de femmes désemparées,
Dont les enfants s'abîment en mer,
En rêvant d'un eldorado.

Comme ceux qu'hier, on enlevait,
Ils sont rebuts de l'humanité,
Des déclassés de l'espérance.
Des gens qui ne sont pas des hommes,
Juste d'effrayantes marées noires,
Et un péril identitaire,
Pour le continent européen.

Leur liberté d'expression,
Crachat sur des visages de mères,
Parlent de regroupement familial,
Des Africains au fond des mers.

Il n'est bien sûr pas de racisme,
Dans cette caricature obscène.
Qui oserait le soupçonner
Chez ceux qui sont la république ?

L'expression se doit d'être libre !
Psalmodie-t-on dans les chaumières.
Ils sont Charlie,
Je suis sous l'eau,
Avec les milliers d'anonymes,
Qui n'auront pas de sépulture.

Larmes d'ébène,
Larmes de rage,
La lassitude,
Un poing levé,
Pour dire au monde
C'en est assez !
Ils sont Charlie,
Je suis sous l'eau,
And *I can't breathe*

Aux corps ébène défaits
Par la haine et la bêtise
Aux parents éplorés.

Illuminations Pros'Éthiques

ILLUSIONS DE PAIX

La paix n'est pas uniquement l'absence d'un conflit armé.

La paix est illusoire dans un pays dans lequel les disparités sociales sont si criantes qu'elles en sont obscènes et génératrices de colère, pour les laissés pour compte du minimum vital.

La paix est illusoire dans un pays dans lequel, scolariser ses enfants, se soigner, se nourrir, trouver un emploi, relèvent du luxe tandis que d'autres gaspillent sans états d'âme, des richesses largement spoliées.

La paix est illusoire dans un pays dans lequel, l'on peut d'un coup de baguette magique, fabriquer des innocents et des coupables, au gré d'une justice aux ordres.

La paix est illusoire dans un pays dans lequel, l'on est davantage occupé à nommer rues, villes et aéroports de son nom, pour bâtir une postérité chimérique, plutôt que de s'atteler à construire un pays.

La paix est illusoire dans un pays dans lequel, l'on en est réduit à regretter des temps de grande férocité, parce que l'on a faim.

La paix est illusoire dans un pays dans lequel la majorité de la population pense être venue sur terre pour accompagner les nantis, tandis que ces derniers sont persuadés qu'une situation sociale injuste est normale.

La paix est illusoire dans un pays dans lequel, les hôpitaux sont délabrés.

La paix est illusoire dans un pays dans lequel, ce qui relève du service public de la santé, devient une marchandise comme une autre, voire un bien confisqué.

La paix est illusoire dans un pays dans lequel, l'on enjambe un blessé grave, un malade qu'on laisse gésir dans un couloir ou sur le patio d'un hôpital public, tandis qu'il est livré aux griffes prédatrices d'une mort prématurée, au prétexte que l'on n'a pas reçu de lui, ou de sa famille, de l'argent pour le soigner.

La paix est illusoire dans un pays dans lequel, l'on pourrait mourir pour un panaris mal soigné, tandis que les dirigeants de la nation, tirent leur fierté du fait de pouvoir aller se faire soigner dans un pays occidental.

La paix est illusoire dans un pays dans lequel, l'on se regarde en chiens de faïence et en potentiels ennemis, parce que l'on n'est pas du même clan, de la même tribu, de la même région.

La paix est illusoire quand l'on tolère dans les choses du quotidien, l'ethnicisation des rapports sociaux, et celle du regard sur l'autre.

La paix est illusoire dans un pays dans lequel, l'on pense que le mépris de l'autre sur des fondements ethniques, n'est qu'un "jeu" séculaire et sans gravité.

Non la paix, c'est bien plus que l'absence de guerre.

Ceux qui vendent la paix comme slogan, font le terreau de potentiels embrasements, et de conflits armés au nom de leurs intérêts égocentrés.

Il suffirait d'une mèche, d'une machette, d'une arme à feu, d'une manipulation savamment orchestrée...

La paix est illusion, tandis que montent colères et frustrations.

Afrique, mon Afrique...

JE VOUS AIME MADIBA

Cinq décembre de l'an deux mille treize, la nuit pendant quelques instants, a déployé son manteau sombre, sur les murailles de mon cœur.

Mon héros s'en était allé, après une vie bien remplie, m'abandonnant au désarroi, dans un monde en perte de repères.

En dépit d'une fin attendue et de son âge avancé, à la nouvelle de son trépas, il a fait noir sur mes espoirs.

Votre beau sourire Madiba, illuminait ma confiance, en la force et en la beauté, de l'humanité dans l'humain.

Depuis ce jour de février, où libre je vous ai vu marcher aux côtés de la grande Winnie, en moi une lampe s'est éclairée : la conviction qu'il vient un jour, où à force de résistance, de lutte acharnée et de combats, l'on défait les pires des systèmes.

Vous marchiez libre, et magnifique.

Vous étiez libre, moi aussi !

Je cheminais à vos côtés, enfin sortie d'une prison, dans laquelle j'étais enfermée, depuis le jour où à douze ans, j'avais découvert l'Apartheid.

Vous souriiez et je pleurais, prêtant mes yeux à Soweto, à tous les martyrs anonymes, qui auraient voulu voir ce jour.

Je pleurais pensant à ma sœur, partie quelques semaines plus tôt, avec qui j'aurais contemplé, avec une joie explosive, votre visage lumineux.

Visage de nos libertés, poing levé de nos résistances, votre vie m'est inspiration.

Elle est baume sur mes meurtrissures, pansement sur mes narcissismes blessés par les meneurs grotesques, qui se prétendent hommes d'État tout en violant effrontément, terres, libertés, biens et consciences, en privatisant nos nations.

Fleuve de vie, source de lumière, dans une humanité obscure, si votre départ m'est douloureux, votre vie me demeure boussole, modèle et inspiration.

Votre voix conduira mes pas, me rappelant dans les déserts, que l'adversité est passage, et la victoire certitude.

Merci pour la foi en l'humain que vous avez su m'insuffler.

Votre existence me rappelle, que choisir la haine est voie aisée, pour les humains émotionnels.

Dompter la haine pour bâtir, en renonçant à la vengeance, telle est la marque des grands esprits.

Les combattants de canapé, et autres guerriers « Nintendo » qui ont la saillie fulgurante, réécriront votre histoire selon le prisme de leurs « Game boy », depuis lequel bien entendu, ils vous disqualifieront, persuadés que derrière leurs télés, et chaussés de leurs charentaises, ils auraient fait nettement mieux que vos traitresses incompétences.

S'envisager meilleur que l'autre, plus compétent, plus visionnaire, et plus africain tant qu'à faire, que celui qui est différent, telle est la force des âmes faibles.

Allez en paix cher Madiba. Votre mission est accomplie.

Guerrier Xhosa, lion africain, qui a mis sa vie sur l'autel de la liberté de son peuple, au détriment de sa famille et de ses

intérêts privés, avec un respect infini, je salue votre mémoire.
Je ne vous dirai pas adieu, puisque je vous retrouverai, dans les valeurs que votre vie et vos combats m'ont inculquées au fil du temps.

Je vous aime Madiba.

Table des matières

DU MEME AUTEUR

ECLATS D'AME
Pros'Ethique Poètique
    Recueil de poèmes
    Ed. Diasporas Noires Sept. 20